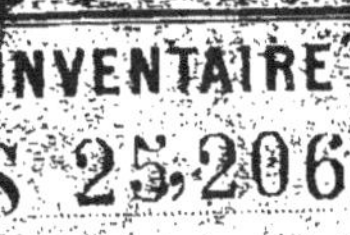

MÉTHODE

POUR

LA DESTRUCTION

DES

Taupes, des Rats, des Souris et des Mulots,

AVEC UN ABRÉGÉ

SUR L'ÉDUCATION DES ABEILLES,

Par BERNARD COEFFEY, Taupier
à Montabard, canton de Trun (Orne).

ARGENTAN,
Imprimerie de BARBIER, place Henri IV.
— 1849. —

MÉTHODE

POUR

LA DESTRUCTION

DES

Taupes, des Rats, des Souris et des Mulots,

AVEC UN ARTICLE

SUR L'ÉDUCATION DES ABEILLES,

Par BERNARD [illegible], cultivateur
à [illegible], canton de [illegible] (Oise).

[illegible],
Imprimerie de [illegible], place Henri IV.
— [illegible]. —

MÉTHODE

POUR

LA DESTRUCTION

DES

Taupes, des Rats, des Souris et des Mulots,

AVEC UN ABRÉGÉ

SUR L'ÉDUCATION

DES ABEILLES,

Par BERNARD COEFFEY, Taupier

à Montabard, canton de Trun (Orne).

ARGENTAN,

Imprimerie de BARBIER, place Henri IV.

— 1849. —

les faucheurs, prêts à couper l'herbe, trouvent des tas de terre émiettée avec un mélange de gravois et de pierres, ouvrage des taupes, que nous nommons ordinairement taupinières. S'ils passent leur faux dedans, il faut l'affiler ou rester là. Recommencent-ils la même chose ? ils murmurent et maudissent contre ces animaux, et sont obligés de faucher par-dessus la taupinière, ce qui fait une perte considérable; on n'est pas long-temps à perdre deux ou trois cents bottes de foin, plus ou moins, selon la grandeur du terrain.

Voyez les campagnes où ces animaux sont continuellement, depuis le commencement d'Octobre jusqu'à la fin d'Avril, pendant l'espace de sept mois ! Ils soulèvent et détruisent les semis. Lorsque le mois de Mai arrive, époque où nos grains augmentent, ils continuent de fouiller la terre à mesure que la sécheresse et la chaleur augmentent; les grains sèchent, blanchissent et n'ont pas la force d'épier; s'ils épient, ce n'est qu'un épi à moitié sorti, dont le grain affamé, qui n'a que l'écorce, produit peu de farine.

Voilà, à ma connaissance, tous les torts et dommages que causent les taupes aux propriétés, quand elles y séjournent. Je ne dirai pas que ces dommages sont faits par malice; car c'est pour se procurer une nouriture et se faire des communications de l'une à l'autre, puisqu'elles ont des routes sous terre, comme nous en avons dessus. Voyez le lieu de leur résidence, où elles font leur nid, il y a des routes qui arrivent de toutes parts.

PREMIÈRE PARTIE.

Description de la Taupe.

La Taupe, connue de presque tout le monde, est un petit animal trapu, alerte et jouissant d'un embonpoint habituel. Elle travaille à l'intérieur de la terre, où elle trouve, pour sa nourriture, des vers de terre, des vers blancs, connus sous le nom de mans, des hannetons, des plantes potagères et diverses autres racines. Elle a de 16 à 18 centimètres de longueur, depuis le bout du museau jusqu'à l'extrémité de la queue, qui est longue de 2 ou 3 centimètres. Sa grosseur est de 10 à 12 centimètres de tour. Sa tête très-fortement constituée ressemble beaucoup à celle d'un cochon; ses oreilles ne dépassent pas son poil; ses pattes présentent chacune cinq formes de doigts et ressemblent assez aux pieds et aux mains de l'homme. Avec ses pattes de devant, contournées à l'extérieur, la taupe s'ouvre un passage dans la terre, qu'elle fouille et déplace.

La couleur de la taupe varie beaucoup entre le noir d'ébène, le cendré, le blanc, le jaune répandu sous le ventre et le blanc éclatant. Ses yeux sont de la grosseur de la tête d'une petite épingle; l'organe de l'ouïe est très-sensible; aussi la plus petite commotion trouble-t-elle la taupe dans son travail pour l'arrêter un instant et bientôt après décider sa fuite vers des trous ménagés pour retraite, de distance en distance, ayant une profondeur de 50 centimètres à 1 mètre. On reconnaît ordinairement ces trous de retraite par les différentes qualités de la terre amenée par la taupe à l'extérieur.

Manière de prendre les Taupes au piége.

Le 4 Novembre 1816, M. le Maire de la commune de Rônay, sur la proposition de ses habitants, me fit demander pour détruire les taupes qui ravageaient le territoire de cette commune et détruisaient les récoltes. Il y en avait à un tel point qu'on ne pouvait pas marcher dans la campagne sans mettre le pied sur les taupinières.

Après m'être arrangé avec lui, je fus dans la campagne, muni de ma pioche et de mes piéges. Je commençai par les pièces de terre qui étaient ensemencées en blé, commençant par la tête des longueurs, en coupant toutes les traces de taupes qui vont d'une longueur dans l'autre. J'appelle trace, un trou que la taupe fait entre deux terres, et qui paraît sur terre gros comme le bras. Après avoir coupé et foulé au pied une grande quantité de terre, je suis revenu sur mes pas, mettant des piéges à celles qui étaient relevées, c'est-à-dire par où les taupes avaient repassé. Les piéges dont je vous parle sont deux petites branches de fer ayant environ 20 centimètres de longueur, se tenant ensemble au moyen d'un clou et d'une enfeuillure, et plus près d'un bout que de l'autre ; à un des bouts est une espèce de pince et à l'autre se trouve un ressort ; on ouvre ce piége en le prenant dans la main, en serrant les branches et le ressort, et on le tient ouvert au moyen d'un petit anneau en fer, que l'on nomme languette. Je place cet anneau à environ quatre centimètres loin des pinces et du même côté. Lorsque le piége est apprêté de cette manière, je le place dans le trou de la taupe, en en mettant un de chaque côté, quand on ne sait pas de quel côté elle est, ou si l'on croit qu'il y en ait plusieurs. S'il arrive que la taupe ne soit pas prise, cela peut s'arriver quand le piége croche dans une racine ou qu'il se trouve quelques petites pierres dedans, on le change de côté ; c'est-à-dire, si les pinces sont en bas, on peut les mettre sur le côté et même en haut, en mettant une poigné de terre mouvante dedans, ensuite on les couvre de terre de manière qu'il n'y ait pas de jour.

Manière de prendre les Taupes vivantes.

Après avoir placé mes piéges à travers la campagne qui était ensemencée de blé, aussitôt j'aperçus une taupe qui fouillait la terre. Je m'approchai en marchant le plus doucement possible. Etant arrivé à portée de la taupe, je donnai un coup de la tête de ma pioche à environ 17 centimètres derrière elle, pour lui couper la retraite ; je l'ai prise toute vivante avec la main, la tenant par la queue avec le doigt et le pouce. Comme j'ai toujours aimé à faire voir mon ouvrage, je suis allé à la haie la plus proche, où j'ai coupé une branche de bois, ayant environ 1 mètre 50 centimètres de longueur, que j'ai aiguisée par le gros bout. Après l'avoir piquée dans la terre en l'inclinant un peu et fendant le petit bout, j'ai mis la queue de la taupe dans la fente et l'ai liée avec un peu de fil, je l'ai laissée ainsi gigotant. Je suis reparti en regardant d'un côté et de l'autre à travers la campagne. J'aperçus une deuxième taupe qui fouillait comme la première ; je l'ai prise de la même manière. Je suis retourné aussitôt comme les autres fois. Je n'ai pas tardé à en prendre une troisième, puis une quatrième, puis une cinquième, et je les ai attachées de la même manière ; ce qui fit qu'en peu de temps j'en ai pris 18 toutes vivantes ; ce qui étonna beaucoup les habitants de la commune de Rônay. Après avoir regardé aux piéges que j'avais tendus, je les ai levés ; il y avait 12 taupes qui étaient prises ; ce qui en faisait une trentaine que je détruisis en très-peu de temps.

Autre manière de prendre les Taupes vivantes dans les prairies.

Le 30 Novembre 1816, Madame la comtesse de Noirville, propriétaire au château du Moncel, commune de Bailleul (Orne), me fit demander pour détruire les taupes qui ravageaient sa propriété et détruisaient les récoltes. Je suis entré dans le pré où elles fouillaient. Après en avoir fait le tour et coupé toutes les traces et les fouilles avec mes pieds, c'est-à-dire les traces qui partaient des haies et des fossés, je suis revenu sur mes pas, mettant des piéges dans les traces qui étaient relevées par les taupes qui y avaient repassé ; je les avais placés de la même manière qu'il est dit ci-devant.

Manière de prendre les Taupes dans les prairies, sans être obligé de se servir de piéges.

Quand mes piéges furent tendus, je marchai très-doucement au travers du pré en examinant les taupinières, pour voir s'il n'y en avait point de nouvelles. J'aperçus une trace toute fraîche; je m'approchai doucement et je vis la taupe qui soulevait la terre, je donnai alors un coup de la tête de ma pioche à 15 centimètres derrière elle, pour lui couper la retraite, et je parvins à la prendre vivante avec la main. Je recommençai comme la première fois. A peine avais-je fait dix pas que j'en aperçus une deuxième qui faisait comme la précédente; je m'approchai et je pris ma pioche, pour lui en donner un coup de la tête derrière elle; au même instant elle se trouva prise. Je continuai toujours de marcher en examinant les taupinières; je vis une taupe qui fouillait la terre; je m'approchai doucement; en la voyant je pris ma pioche et je donnai un grand coup de la tête sur la taupinière, à l'endroit où j'avais vu la terre remuée; puis, relevant ma pioche, je la retournai et enfonçant le tranchant dans la taupinière, j'enlevai la taupinière avec la taupe et un morceau de gazon. Je recommençai encore à faire le tour du pré, en regardant toujours les taupinières; j'en aperçus une qui était nouvellement faite; je m'approchai, je vis les vers qui sortaient de terre; je me dis: la taupe n'est pas loin. J'attendis l'espace de cinq minutes, et aussitôt la taupe recommença à fouiller. Voyant remuer la terre, je pris ma pioche; je donnai un grand coup de la tête à l'endroit où j'avais vu remuer la terre; je relevai mon coup, comme il est dit ci-dessus, mais je n'amenai rien; je levai un gazon en suivant le trou du côté où travaillait la taupe. Je l'aperçus fouillant en poussant la terre derrière elle; je la pris de la même manière que les autres. Continuant de marcher comme à l'ordinaire et regardant attentivement devant moi, je vis une taupe qui fouillait la terre; j'arrivai doucement à l'endroit où elle se trouvait, puis prenant ma pioche, j'en donnai un coup de la manière indiquée d'autre part. Comme je n'amenais aucune chose; je fouillai pour voir son ouvrage; je ne trouvai rien; j'examinai autour de la taupinière en enfonçant le bout du manche de ma pioche dans la terre; je trouvai un pivot (j'appelle pivot un trou que la taupe fait et qui descend dans la terre à environ 66 centimètres de profondeur, et la taupe en fait de distance en distance pour se faire une retraite quand elle entend le moindre bruit). Je renfonce de nouveau le manche de ma pioche dans le trou de la taupe; aussi elle remonte de la terre dans le trou; l'apercevant, je la fouille et la prends comme les précédentes. Je retournai vers une autre en regardant les taupinières; j'en aperçus encore une qui fouillait; je pris ma pioche, j'en donnai un grand coup, comme il est expliqué à la première manière, mais je ne pris rien. Je regardai autour de la taupinière, pour voir s'il n'y avait point un pivot; ne trouvant rien, je découvris le trou; je pris un piége, je le tendis en le mettant dans le trou; puis le recouvrant avec une poignée de terre, je me relevai de dessus. La taupe arriva et aussitôt elle le détendit, je regardai et elle s'y trouvait prise. J'ouvris le piége; elle était encore vivante. Faites bien attention de mettre cela en mémoire; car il n'y a pas de taupe qui ne revienne pour voir ce qui leur a fait peur; elles reviennent toutes. S'il arrive qu'on n'ait pas de piége, on regarde par où va le trou. Quand on sait par où il va, on ôte la terre de dessus sans le découvrir, à environ 30 centimètres de l'endroit où on l'a manquée, en jetant une poignée de terre dans le trou pour le boucher. Au moment où la taupe revient, elle pousse la terre qui est dans le trou. Vous donnez un coup de la tête de votre pioche à l'endroit où vous avez découvert le trou pour fouler la terre et lui boucher la retraite, et après avoir découvert le trou, vous prenez la taupe à volonté. Avec toutes ces sortes de manières on en détruit beaucoup; et même on en coupe en deux. J'avais emporté 16 taupes toutes vivantes, prises sans piéges et 12 prises aux piéges que j'étais venu lever.

Manière de prendre les Taupes au nid.

Le 12 Mai 1833, Mme Courtin du Plessis, alors propriétaire du château de Bellegarde, commune de Sévigny, canton, et arrondissement d'Argentan, me fit demander pour détruire les taupes qui étaient dans le jardin et qui fouillaient dans la couche aux melons. Il y avait une grosse taupinière dans la haie. Je regardai dans cette taupinière; la taupe y avait fait son nid, il y avait quatre petits dedans. Je pris les petits, et j'y plaçai mes piéges, c'est-à-dire un piége à chaque trou qui arrivait au nid. Après avoir attendu environ un quart-d'heure, la taupe arriva, elle bourra un piége, détendit l'autre et ne se rebuta pas; puis elle revint par une autre trace et se fit prendre à la troisième. Je plaçai mes piéges dans les traces qui étaient le long du mur du jardin et dans les haies; je fis le tour du jardin, et au bout d'une demi-heure le mâle taupe était pris.

Autre manière de faire fouiller les Taupes et de les prendre vivantes lorsqu'elles fouillent.

Le 6 Mars 1830, je fus au village de Raveton, commune de Montabar (Orne), pour détruire les taupes qui ravageaient une pièce de blé. A mon arrivée, je fus à travers la pièce; je ne vis pas de taupes qui fouillaient, parce qu'il était tombé beaucoup d'eau dans la nuit, et dans cette saison les taupes ne fouillent pas: c'est le moment de l'accouplement, elles se cherchent, et ne font que de courir dans les traces; on les entend crier, leur cri ressemble au bruit d'un métier de Bas-d'estamier, quand il le fait agir. On les trouve alors souvent par deux. Je me dirigeai le long des haies et des fossés, après avoir coupé avec ma pioche toutes les traces qui partaient des bords, je mis de la terre mouvante dedans, puis, après les avoir foulées avec mes pieds, je les coupai de la longueur d'environ 1 mètre. Quand j'eus fait le tour de la pièce de terre et de toutes les traces coupées, je retournai sur mes pas en regardant les endroits que j'avais coupés et foulés; j'aperçus une taupe qui commençait à relever une des traces; je m'approchai doucement, puis arrivant à elle je pris ma pioche; je donnai un coup de la tête à 10 centimètres derrière elle, et au moment où je la vis relever la trace, je la pris par la queue avec le doigt et le pouce. Je continuai encore à retourner; j'aperçus une deuxième taupe qui fouillait comme la précédente; je m'approchai doucement à trois pas derrière elle; elle cessa de travailler, car elle m'avait entendu marcher. J'attendis l'espace de cinq minutes; elle revint; je la regardai recommencer son travail en lui laissant relever environ un mètre de terre, pour avoir plus de facilité de la prendre; alors je pris ma pioche, je donnai un coup de la tête, comme il a été dit ci-devant, pour lui couper la retraite. Je marchai toujours au travers de ladite pièce de terre, je trouvai une trace qui était relevée dans toute sa longueur; je la foulai comme les précédentes et, retournant à d'autres, j'aperçus une taupe qui commençait à relever la trace que je venais de fouler; je m'avançai doucement, parce que j'entendis du bruit, la taupe avait cessé de fouiller. J'attendis dix minutes, elle revint, mais elle ne fouilla pas, seulement je l'entendis rompre les racines de l'herbe; elle ne soulevait plus la terre, elle fouillait plus avant. Je donnai un coup de pioche à l'endroit où elle avait commencé à relever la terre; elle revint pour passer; je la pris comme les autres. Je cherchai encore à découvrir de nouvelles taupes; j'en trouvai plusieurs qui fouillaient et qui repassaient dans les traces; je les ai prises également. Je marchai de nouveau à travers la pièce; il était environ 11 heures du matin et c'est l'heure où les taupes fouillent la terre, ce qui ne les empêche pas de fouiller en toute saison. Je visitai le bout de leur ouvrage; j'en aperçus plusieurs qui fouillaient. Je m'approchai doucement; aussitôt je donnai un coup du tranchant de ma pioche en coupant le sillon à environ un demi mètre derrière elles. Il y en avait une qui fouillait en taupinière, et comme la trace était bien profonde, elle revint pour repasser; je la pris aussitôt avec la main. Je continuai encore à marcher; j'en vis une qui fouillait en trace; je m'approchai d'elle le plus doucement possible; j'arrivai auprès d'elle sans qu'elle eût cessé de fouiller; je donnai un coup de la tête de ma pioche à environ un demi-mètre derrière elle; aussitôt elle revint pour passer; mais elle fut aussitôt prise, sans avoir eu le temps de se retourner. Après avoir parcouru la pièce de tous les côtés, je retournai voir les traces que j'avais coupées et foulées ; j'en ai trouvé plusieurs qui revenaient sur leurs traces ; je les ai prises de la même manière qu'il est dit à différents endroits, de sorte que j'emportais avec moi 12 taupes toutes vivantes.

Manière de prendre les Taupes vivantes à la main, sans piéges ni pioche.

Soit dans les prairies, soit dans la campagne, quand vous voyez une trace de taupe sur la terre, grosse comme le bras, suivez cette trace en marchant dessus au pas ordinaire. Au bout de la trace, on trouve souvent la taupe ; s'il arrive qu'elle n'y soit pas, on regarde si elle a travaillé de nouveau ; ou bien s'il y a des vers qui sortent de terre au bout de la trace, cela annonce que la taupe n'est pas loin. On retourne sur ses pas, et souvent on la trouve relevant les pas qu'on vient de faire, et on la prend à volonté avec la main.

Le 4 Mai 1834, je fus mandé pour aller à Beaumais, canton de Coulibeuf, arrondissement de Falaise (Calvados), détruire des taupes. Dans cet endroit, il y a beaucoup de petites terres, et on y sème beaucoup d'orge et d'avoine. Je marchai toute la journée dans les orges et les avoines sur des traces de taupes. Quand je ne trouvais pas les taupes au bout de leurs ouvrages, retournant sur mes pas, je les trouvais relevant les pas que je venais de faire, et je les prenais à volonté. Je ne fus pas long-temps à en détruire beaucoup de cette manière.

Manière de prendre les Taupes avec un pot de terre.

Cette manière est bien facile à retenir. Vous prendrez pour cet effet un pot de terre étroit du haut et large du bas. Vous le mettrez dans le passage des taupes, en l'enfonçant et en le plaçant au-dessous de la trace. Vous pourrez mettre dedans des vers de terre avec un peu de terre. Quand arrive le mois de Mars, on fait en sorte de prendre une taupe femelle, vivante, que l'on met dans le pot. Lorsqu'il est arrangé de cette manière, vous le recouvrez et le placez au milieu de la trace. Avec cette méthode j'ai détruit beaucoup de taupes.

Manière d'empoisonner les Taupes.

Prenez des vers de terre, les plus gros que vous pourrez trouver, un rasoir ou autre chose semblable; vous ferez une fente à vos vers, vous mettez de l'arsenic dans la fente, ou de la noix vomique en poudre; cela fait le même effet. Quand vos vers sont arrangés de cette manière, vous les mettez dans les traces de la taupe, à l'endroit où elle viendrait de fouiller de frais; vous pouvez faire deux ou trois fentes à chaque vers; plus vous mettez de vers, plus vous empoisonnez de taupes, et les détruirez.

Manière de faire fuir les Taupes d'un endroit.

Prenez une taupe vivante, répandez de la fleur de soufre dessus; vous y mettrez le feu, puis vous la laisserez retourner à son nid; les autres taupes s'assembleront autour d'elle et s'enfuiront. A défaut de taupe, prenez des chiffons d'étoffe; imbibez-les de soufre, que vous mettrez dans les trous de taupes. Quand vos chiffons seront placés dans un côté de la pièce de terre, du côté du vent, vous y mettrez le feu et le vent fera introduire la fumée dans les trous; ce qui les fera enfuir.

Avec toutes ces sortes de méthodes, je puis affirmer que j'ai détruit un nombre considérable de taupes dans 32 communes de l'arrondissement d'Argentan et sur le territoire de la ville. Pour bien réussir avec la méthode et l'art de détruire les taupes, il faut marcher doucement et le plus légèrement possible et avoir beaucoup de patience.

De la vertu de la Taupe.

La Taupe a des propriétés infaillibles.

Quoique nous ayons donné des renseignements sur la destruction de la taupe, nous ne pouvons nous empêcher de dire qu'elle a des propriétés infaillibles.

Si l'on a des verrues. Il faut y mettre du sang de taupe et elles seront bientôt passées.

Si l'on entend dur, vous mettrez du sang de taupe mâle dans les oreilles; puis on prendra un peu de coton que l'on mettra dedans, pour empêcher que le sang ne sorte. Après l'avoir laissé 24 heures, on entendra plus clair, pourvu que cela ne soit pas venu de naissance.

Des dommages des Rats et des Souris.

Lorsque la moisson est faite et que les grains sont rentrés dans les granges et dans les greniers, il nous arrive maintenant un autre inconvénient: les rats et les souris s'introduisent dans les granges et dans nos greniers, ils coupent, rongent et mangent toutes espèces de grains et de fruits et enfin tout ce qui convient à la nourriture humaine. Ils s'adonnent dans les espaliers, au fur et à mesure que les fruits se nouent, puis ils les détachent. Sont-ils en maturité? tous les matins on en trouve qui sont tombés, les uns à moitié mangés et les autres entièrement. Enfin, s'il y a un beau fruit dans les espaliers, c'est pour les rats, et nous n'avons jamais que leur reste. Ils s'introduisent aussi dans les écuries, ils rongent et coupent les harnais et les équipages des chevaux et diverses racines.

M. Millet, maître de poste à Argentan, me fit demander pour détruire les rats qui coupaient et rongeaient les équipages des chevaux destinés à faire le service. Je me rendis chez lui, et après avoir fait ce qui va être expliqué ci-après, au bout de deux ou trois jours les rats avaient disparu.

Manière de détruire les Rats.

Prenez une livre de farine de pomme de terre, pour 20 centimes de nitrate de mercure pulvérisé et pour 20 centimes de camphre pulvérisé; mêlez le tout ensemble et déposez cela dans le passage des rats, principalement sous les couvertures, entre les sablières.

Autre Manière.

Etant chez M. Millet, je me suis servi de poires que j'ai

pelées; ensuite je les ai fendues jusqu'au pépin ; j'ai poudré de l'arsenic dans les fentes ; ensuite je les ai refermées et les ai placées dans les trous par où les rats sortaient pour venir manger les équipages. Quelques jours après les rats étaient détruits. (J'avais fait 4 fentes à chaque poire.)

Autre Manière.

Prenez une éponge ; coupez-la bien menue, fricassez-la avec de la graisse bien salée, et vous la mettrez dans l'endroit où passent les rats ; vous mettrez de l'eau auprès pour qu'ils boivent ; cela les fera enfler et les détruira. (Cela peut servir pour la destruction des souris et des mulots.)

Autre Manière.

Au château de Bellegarde j'ai détruit les rats avec du fromage blanc et de l'arsenic, mélangés ensemble. Il faut avoir soin de ne pas mettre le fromage dans un endroit où vont les chats.

Autre Manière.

Achetez une demi-once de phosphore ; faites tiédir un demi-litre d'eau ; délayez le phosphore dedans ; prenez deux gousses d'ail que vous pillerez après les avoir mises dans votre eau ; vous prendrez de la farine de blé que vous délayerez dans l'eau ; la rendant épaisse comme des crêpes, ensuite vous mettrez le tout dans un pot où bouteille que vous boucherez bien. Pour vous en servir, vous prendrez un petit morceau de bois bien plat, en forme de petite palette ; vous coupez des pommes ou des carottes par morceaux, et dorez du phosphore dessus avec votre petite palette de bois, et vous déposerez les morceaux de pommes ou de carottes dans les endroits ou passent les rats.

Manière de prendre les Rats vivants.

Si vous voulez prendre les rats vivants, prenez une cloche à melon ; mettez l'embouchure en haut, puis de la farine ou autre chose dans la cloche, et vous la mettez dans les appartemens où s'introduisent les rats; lorsqu'ils seront descendus pour manger ils ne pourront pas remonter pour sortir de la cloche.

Autre Manière.

Prenez de la farine de blé et de l'arsenic, mêlez le tout ensemble pour en faire une pâte; vous mettez cette pâte par petites boules, et vous les déposerez dans le passage des rats, des souris et même dans des trous de mulots; vous parviendrez à les détruire tout-à-fait. On peut aussi détruire ces animaux en prenant de la farine, de l'arsenic ou de la noix vomique, et en mettant cela dans les trous de mulots, et de cette manière nous avons obtenu un heureux résultat.

Autre manière de détruire les Rats.

Mettez de l'arsenic ou de la noix vomique dans des restes de viandes; coupez aussi des pommes à pressurer, ou des carottes par quartiers. Si vous vous servez de viande, surtout ne la mettez pas dans les endroits où vont les chats.

Autre Manière.

Je ne donnerai pas un grand détail sur les piéges, car je crois que la manière de s'en servir est presque connue de tout le monde. Vous les placez dans les passages des rats; cela est suffisant.

Manière de détruire les Rats, les Souris et les Mulots.

Faites un mélange de farine, d'arsenic et de poussière de sucre; faites-en une pâte que vous mettrez en petits bols; ensuite vous mettrez un bol dans chaque trou. Pour bien réussir de cette manière, il faut la veille boucher tous les trous et mettre un bol dans ceux qui seront débouchés. La farine, l'arsenic et la poussière de sucre font le même effet sans être mélangés.

COPIE

Des certificats de MM. les Maires des communes de Rônay, Bailleul, Sévigny, Pommainville et Montabard, arrondissement d'Argentan (Orne).

Nous soussigné, maire de la commune de Rônay, canton de Pufanges, arrondissement d'Argentan (Orne), certifions à qui il appartiendra que le nommé Bernard Coëffey, domicilié à Montabard, canton de Trun, exerçant la profession de taupier, a entrepris et alloué de détruire les taupes et autres vermines sur le territoire de cette commune, il y a environ 15 ans. Ils infestaient tellement les propriétés, que les grains étaient tous coupés et rongés. Depuis ce temps-là nos campagnes se sont trouvées nettoyées en très-peu de temps par les moyens employés par ledit Coëffey, qui s'est parfaitement acquitté de ses engagemens. On peut parcourir en ce moment toutes les plaines et prairies de la commune de Rônay, sans y trouver une taupinière.

En foi de quoi nous lui avons délivré le présent certificat, pour lui servir et valoir ce que de droit.

A la mairie de Rônay, le 18 mai 1833.

(Signé) LECLERC.

Le maire de la commune de Bailleul, qui a pris connaissance du certificat ci-dessus, déclare que le sieur Bernard Coëffey a travaillé aussi dans cette commune pour un grand nombre de propriétaires et qu'il a détruit beaucoup de vermines de toutes espèces.

A la mairie de Bailleul, le 22 mai 1833.

(Signé) MOREL.

Le maire de la commune de Sévigny, canton et arrondissement d'Argentan (Orne), certifie que le sieur Coëffey, taupier à Montabard, a travaillé dans cette commune à détruire les taupes et autres vermines et qu'il a bien rempli ses engagements.

A Sévigny, le 24 mai 1833.

(Signé) Ch. DORNOIS.

Le maire de Pommainville certifie, ainsi que ses collègues, que le sieur Coëffey a travaillé pour lui et pour la majeure partie de la commune et qu'il a détruit beaucoup de taupes et s'est bien acquitté de ses engagements envers tous les habitants. (Cette commune est aujourd'hui réunie à Occaigne, canton d'Argentan, par ordonnance royale en date du 20 Mai 1839.)

A Pommainville, le 31 mai 1833.

(Signé) BERTIN.

Le maire de la commune de Montabard, canton de Trun, arrondissement d'Argentan (Orne), certifie que le sieur Bernard Coëffey a travaillé pour lui et pour la majeure partie des habitants de cette commune : qu'ils sont satisfaits de son travail et qu'il a bien rempli ses engagements, en détruisant les taupes et différentes vermines.

A Montabard, le 2 juillet 1833.

(Signé) LABBÉ.

DEUXIÈME PARTIE.

ABRÉGÉ

SUR

L'ÉDUCATION DES ABEILLES.

AVIS AUX AMATEURS D'ABEILLES.

Manière de se procurer des Abeilles.

Pour se procurer des abeilles, il faut avoir une ruche et deux ou trois gâteaux de cire que vous mettrez dans la ruche, en les collant au fond. Si l'on peut se procurer une ruche qui ait servi à cela, et où les abeilles seraient mortes, cela est encore meilleur que les gâteaux que l'on y aurait mis. Pour cet effet, vous placerez votre ruche sur votre propriété, n'importe à quel endroit que ce soit, pourvu qu'il y ait un passage pour les abeilles, en plaçant la ruche sur un établi comme s'il y avait des abeilles dedans. Faites de la manière indiquée et vous obtiendrez une réussite parfaite.

Le 4 mai 1842, M. Vincent Abadia (Espagnol d'origine), propriétaire à Argentan, rue de Paris, me manda; il avait perdu ses mouches par la mort, et voulait les remplacer en achetant deux autres ruches. J'ai donné pour conseil à ce propriétaire d'attendre au mois de mai, et de laisser ses ruches dans son jardin, parce qu'il pourrait venir des abeilles dedans. Vers le courant du mois de mai, M. Abadia s'aperçut que les abeilles arrivaient dans les ruches, et huit jours plus tard, il en était venu deux essaims; les ruches étaient toutes pleines.

Un garde particulier, à qui j'ai confié cette méthode, avait déposé ses ruches dans un bois confié à sa garde; il a récolté jusqu'à dix essaims de mouches dans une année.

Un essaim part, il est isolé, il n'y a personne après, il cherche à se réfugier dans un trou d'arbre, et bien content de trouver un logement tout préparé. Je sais bien qu'on peut les prendre dans ce trou; mais quand il y a long-temps qu'elles y sont, que la saison est avancée et qu'elles ont ramassé de la cire et du miel, elles sont bien plus difficiles à faire partir; quelquefois il en périt une partie.

Pour faire sortir les abeilles d'un arbre, on fait un trou dans l'arbre au-dessous des abeilles, et on introduit de la fumée d'étoffe dans le trou que l'on fait, ou de toutes sortes de chiffons; vous obtenez par ce moyen leur sortie.

Manière d'élever les Abeilles, de les maintenir dans l'activité du travail et d'en tirer un grand produit, sans les faire périr.

Pour élever des abeilles, il faut les tenir dans la propreté, leur ôter les insectes qui pourraient leur nuire, tels que les limaçons, les araignées. En hiver, les rats et les souris ne sont pas long-temps à détruire une ruche. Pour les en empêcher, et même pour les détruire, il faut avoir soin de mettre du mélange de farine et d'arsenic sous les ruches, c'est-à-dire sous les établis qui les supportent.

Pour entretenir les abeilles dans leur travail quand la ruche est d'un bon poids, qu'elle est bien peuplée, que l'essaim ne part pas, que les abeilles sont restées par groupe autour de la ruche, qu'il fait beau temps, il faut la calotter de la manière que je vais indiquer ci-après :

On fait un trou au haut de la ruche où sont les abeilles, après on met la ruche dessus; si on peut se procurer des ruches où il y a de la cire, cela est encore meilleur; au bout de 18 jours, ôtez cette calotte s'il fait beau temps, on aura du bon miel. Dans les endroits où il y a beaucoup de sainfoins, on fait cet ouvrage dans les premiers jours de juin; on parvient de cette manière à renouveler les vieilles ruches. Au lieu d'ôter la calotte, ôtez la vieille ruche; mettez la calotte à sa place, et vous y faites aller les abeilles. Pour bien réussir, on tourne la vieille ruche, c'est-à-dire on met l'embouchure en haut, et celle où l'on veut faire aller les abeilles par-dessus, et vous frappez quelques petits coups de baguette pour les faire monter. Si vous faites cet ouvrage-là en jour, on peut avoir recours à la fumée ou à un masque, pour que les abeilles ne vous aiguillonnent pas. Si on a des ruches d'un bon poids, bien peuplées, et une quantité suffisante dans les endroits où il y a beaucoup de sainfoins, vous pouvez les calotter au 15 mai et ôter les calottes le 10 juin au plus tard.

Avis aux amateurs d'Abeilles.

Il n'est pas besoin d'avoir de grandes propriétés pour se livrer à l'éducation des abeilles, qui est en même temps aussi avantageuse qu'agréable, quand on est assez instruit pour l'entreprendre avec l'espoir qu'on a de bien réussir. On élève des abeilles dans un jardin ou dans un enclos. Ces insectes récoltent la cire dans les bois, dans les plaines, dans les prairies et sur les montagnes, où ils trouvent toutes espèces de fleurs aromatiques; enfin leur domaine s'étend partout où ils peuvent recueillir de la cire et du miel. Ils volent avec hardiesse tout ce qui leur est propre; aucune barrière, aucun obstacle ne peut les arrêter; ils passent partout pour voler ce qui leur est convenable et utile. Mais leur vol ne fait pas de tort aux cultivateurs; au contraire ils procurent des richesses qui, sans leur talent admirable, seraient perdues; mais aussi ils savent parfaitement en profiter.

Il est très-nécessaire aux personnes qui élèvent des abeilles de connaître leur manière de vivre et de se reproduire, afin de pouvoir les gouverner convenablement et mettre leurs travaux à profit, sans leur nuire.

Description de la Mère et Reine des Abeilles.

Parmi les abeilles il est bien facile de distinguer la mère et reine des abeilles ouvrières et des faux bourdons, par la longueur de son corps, la petitesse de ses ailes, qui la rend très-remarquable; elle est plus longue et moins grosse que les faux bourdons, et surpasse aussi en longueur et en grosseur les abeilles ouvrières; ses ailes, aussi grandes que les leurs, paraissent plus petites, parce qu'elles n'accompagnent pas son corps dans toute sa longueur, qui se termine ordinairement au troisième anneau et diminue insensiblement depuis le premier anneau jusqu'au dernier et se trouve plus détaché du corcelet que celui des ouvrières. Ses deux yeux à ressort sont placés comme les leurs; ses dents, qui ont chacune deux dentelures, sont bien moins grandes; sa trompe, courte et déliée, ne paraît point propre à recueillir le miel au fond du calice des fleurs; et elle n'a pas sur ses jambes, qui sont au nombre de six, ni brosse ni palette triangulaire; la nature ne l'en a pas pourvue; sa couleur est d'un brun clair sur le dessus du corps, et d'un beau jaune par dessous; son aiguillon est très-fort et beaucoup plus long que celui des abeilles ouvrières et un peu recourbé vers le dessus du ventre; elle fait rarement usage de ce dard empoisonné; sa grosseur varie selon les saisons, et surtout dans le moment de la ponte; elle est encore plus grosse dans celui de la grande ponte qui a lieu au mois d'Avril, époque où son ovaire est rempli de trois à quatre mille œufs.

Description des faux Bourdons.

On distingue aisément les faux bourdons de la reine-mère et des autres abeilles connues sous le nom d'abeilles ouvrières; leur corps est moins long que celui de la reine et plus gros que celui des ouvrières; leur tête est arrondie et leurs yeux à réseaux, beaucoup plus grands que ceux des abeilles ouvrières, se touchent. Les antennes qu'ils ont sur la tête ressemblent à celles des ouvrières; leurs dents sont petites et aiguës, de sorte qu'elles se trouvent presque couvertes par les poils qui sont alentour; leur trompe est fort courte; elle ne peut que difficilement sucer le miel épanché dans le calice des fleurs; leurs ailes sont grandes, elles accompagnent leur corps dans toute sa longueur; ils ont six jambes comme la reine, et comme les abeilles ouvrières; au lieu de la palette, on remarque une brosse à la troisième paire de jambe, qui n'est point propre à retenir les grains de poussière des étamines des fleurs; mais ils ne sont point armés de cet aiguillon terrible qui rend les abeilles si redoutables.

Description des Abeilles ouvrières.

La tête, le corcelet, le ventre, sont les principales parties dont est composé le corps des abeilles ouvrières; cet insecte se trouve dans la classe des mouches à quatre ailes. La forme de leur tête est aplatie et arrondie, de manière qu'elle est presque triangulaire; ses deux yeux, en forme d'une figure ovale, sont placés sur les côtés de la tête en forme de croissant; le bout de l'ovale qui descend à l'origine des mâchoires est aigu et celui qui se trouve à la partie supérieure de la tête est arrondi. Rien n'est aussi beau ni aussi brillant que toutes les facettes dont elles sont composées; leur bouche est une cavité recouverte par la partie supérieure de sa trompe, lorsque celle-ci est repliée au-dessous des dents; ses quatre ailes sont attachées à la partie extérieure de son corps un peu sur les côtés; ses jambes, au nombre de six, sont au-dessous du corcelet. A la troisième paire se trouve une espèce de palette destinée à recevoir la matière à cire brute, qui leur sert de nourriture avec le miel que l'abeille ramasse; son corps est composé de six anneaux; la disposition de ces anneaux procure au corps de l'abeille ouvrière toute la souplesse qui lui est nécessaire; son aiguillon est placé dans son ventre, sous les derniers anneaux; son mouvement est en tous sens, en dedans comme en dehors. Cette arme très-dangereuse possède un mécanisme composé de deux branches logées dans un étui. Si la piqure est douloureuse pour celui qui la ressent, elle est toujours mortelle pour l'abeille, qui laisse son aiguillon dans la plaie qu'elle a faite. Cela arrive toutes les fois qu'on la force à se retirer promptement, et qu'on ne lui donne pas le temps de retirer son aiguillon. Sa trompe est l'instrument dont elle se sert pour recueillir le miel, qui est au fond du calice des fleurs, ou épanché sur les feuilles ; elle n'agit pas comme une pompe dont le jeu élève la liqueur par aspiration ; c'est une langue qui lèche les liqueurs qu'elle puise.

De combien une ruche est composée de sortes d'Abeilles.

Une ruche est composée de trois sortes d'abeilles, savoir :

De la reine, seule de son espèce, mère de la république, des faux-bourdons et des abeilles ouvrières.

Les abeilles ne souffrent jamais qu'un chef à la tête de leur république. Toutes les fois qu'on introduit une reine parmi les abeilles qui en ont déjà une, ces républicaines la chassent et la font mourir.

Des fonctions de la Reine.

Quelles sont les fonctions de la Reine.

Les fonctions ou occupations de la reine consistent à entrer dans toutes les cellules, à les visiter et à examiner si elles sont en état de recevoir le dépôt qu'elle veut placer à la tête des ouvrières, pour les exciter au travail. Sa présence les entretient dans l'activité, sa complaisance à recevoir leurs caresses leur tient lieu de récompense. A peine les édifices sont-ils construits, qu'elle y dépose le germe des nouveaux sujets qui doivent un jour augmenter la population.

De temps en temps elle entre dans son sérail, où elle va à son tour prodiguer ses caresses aux faux-bourdons indolents, pour les engager à répondre à ses empressements et à ses désirs amoureux. Si elle sort de son palais, c'est pour prendre l'air, jouir d'un beau soleil qui l'invite à profiter de sa douce chaleur, sans cependant s'écarter de son habitation, qu'elle ne perd jamais de vue.

Fécondité de la Reine.

La fécondité de la reine abeille est telle qu'elle peut pondre dix mille cinq cents œufs. A peine ce nombre est-il la cinquième partie des abeilles que produit une femelle pendant l'espace de six à sept mois. Dans la saison des essaims, qui ne dure que deux mois au plus, il y a des ruches qui en donnent trois, et qui n'ont tous que la même mère. Elle peut les donner si elle est bonne, sans diminuer sa population. Supposons que chacun de ces trois essaims soit composé de quinze mille abeilles (il y en a certainement de plus nombreux), ce serait quarante-cinq mille abeilles qui auraient toutes une mère commune. Toutes ces jeunes abeilles ne partent pas avec les essaims; il en reste toujours pour remplacer celles qui meurent, soit de vieillesse, soit par accident. Celles qui naissent dans le courant de l'année, lorsque la saison de la sortie des essaims est passée, ne quittent pas l'habitation; elles réparent les pertes journalières que fait la république par la mort de ses citoyennes.

Des faux Bourdons et de leurs occupations dans la ruche.

L'occupation des faux bourdons dans la ruche est de répondre aux empressements de la reine des abeilles, qui les recherche avec ardeur pour leur faire partager ses plaisirs. Quoiqu'ils soient amplement pourvus des organes qui caractérisent le sexe des mâles, l'approche de la femelle les excite difficilement; ce n'est absolument qu'à force de caresses et de sollicitations qu'elle parvient à les faire consentir à ses désirs amoureux; leur humeur indolente ne se rend qu'après bien des attaques, leur bonheur ne dure qu'un instant; la mort qui lui succède est le terme et la suite de leur jouissance.

Les faux bourdons ne paraissent parmi les abeilles qu'après l'hiver et lorsque la reine a fait sa première ponte, qui fournit dans son royaume des abeilles des trois genres; pendant tout l'hiver il n'y a aucun faux bourdon.

De l'occupation des abeilles ouvrières.

La prospérité de la république des abeilles dépend des soins que prennent les abeilles ouvrières pour la rendre florissante. Elles emploient tout leur temps et toutes leurs peines à procurer tout ce qui tend au bien commun de la société ; c'est là le but de leurs travaux, de leur industrie, de leur prévoyance et de leurs voyages. La reine et les faux bourdons sont les grands de l'état ; leur vie s'écoule dans la mollesse et les plaisirs, tandis que les ouvrières, toujours infatigables, prennent à peine quelque moment de repos. Elles ne craignent point de se livrer aux emplois les plus bas de la société. Afin de maintenir leurs habitations dans une grande propreté, elles nettoient les édifices dès que les abeilles qui y ont été élevées en sont parties, et elles emportent les dépouilles que celles-ci y ont laissées ; elles enlèvent toutes les ordures et les cadavres des citoyennes qu'elles ont perdues et qui pourraient causer une infection dangereuse à celles qui leur survivraient. Elles vont chercher au loin les matériaux dont elles ont besoin pour la construction de leurs édifices, les préparent pour les employer à bâtir ce nombre prodigieux de cellules, dans lesquelles sont élevées les sujettes dont l'abeille mère et reine peuple son royaume. Quand il y en a qui sont employées à la construction des magasins, les autres voyagent dans les campagnes, pour amasser les provisions nécessaires à la substance de tous les sujets de l'état, et viennent les déposer dans les magasins destinés à cet effet.

A peine la reine a-t-elle placé le germe de sa nouvelle famille dans les cellules, que les ouvrières viennent les visiter ; elles se présentent comme les nourrices auxquelles l'éducation de ce peuple qui va naître est confiée ; elles prennent soin de son enfance, pourvoient à ses besoins et lui donnent la nourriture qu'il ne peut se procurer. Cette nourriture varie selon l'âge des élèves, dont chacun reçoit la qualité et la quantité d'aliments qui lui convient. Elles veillent jour et nuit à la sûreté publique, et font exactement la garde aux portes pour prévenir les attaques que pourraient tenter par surprise leurs ennemis.

Des positions où l'on peut placer des Abeilles.

Les meilleures positions où l'on peut placer les abeilles sont : les campagnes où il y a de petits ruisseaux, celles où abondent les prairies et les vastes plaines où l'on cultive quantité de sarrasin (ou blé noir). Ces plaines, voisines des bois, des bruyères, des montagnes, sont couvertes de plantes aromatiques, telles que la lavande, l'hysope, le romarin, le thym, le serpolet, le genêt, la sauge et toutes sortes d'herbes odoriférantes; on y trouve encore une grande quantité d'arbres à fruits, ainsi que du sainfoin, du jonc-marin et du colza.

La meilleure position où l'on puisse encore placer les ruches est un endroit exposé au soleil entre dix heures et midi; il faut éviter autant que possible le voisinage des fours à chaux et à brique; car l'épaisse fumée qui en sort peut se rabattre sur les ruches et incommoder considérablement les abeilles, les étourdir et même les étouffer. Si elles sont près des étangs et des grandes rivières, elles sont sans cesse exposées à se noyer, lorsque la violence des vents les y culbute, et il leur est impossible de gagner les bords.

Parmi les plantes il y en a qui peuvent donner une mauvaise qualité au miel. Le buis et l'if donnent au miel un goût âcre et une amertume désagréable; les endroits où abondent les plantes dont nous venons de parler sont donc une mauvaise position pour placer des abeilles. La ciguë, la morelle, le coquelicot, la matricaire, l'ellébore, l'orme, le tilleul, l'arbousier, le cornouiller, la rue, la jusquiame donnent au miel une mauvaise qualité et sont contraires aux abeilles.

Manière de connaître si une ruche donnera bientôt un essaim.

Quand on entend un grand bourdonnement dans les ruches, cela annonce qu'il y a beaucoup d'abeilles; quand les faux bourbons paraissent, cela annonce qu'une république d'abeilles se dispose à envoyer une colonie pour y fonder un nouvel établissement. Tout semble y être dans une vive agitation; le jour, et même pendant la nuit, on entend un bourdonnement continuel; on serait presque tenté de croire que tant de mouvement et de bruit annoncent l'inquiétude des candidats qui aspirent à la royauté, les soins qu'ils prennent pour gagner les suffrages, et les disputes des électeurs peu d'accord sur le choix du sujet qu'ils veulent élever à la dignité de souveraine.

Ce bourdonnement extraordinaire, selon toute apparence, est une marque d'inquiétude et d'impatience qui annonce le malaise des abeilles dans une ruche trop petite pour les contenir. J'ai déterminé les différentes modulations du chant des abeilles; j'ai pris les bourdonnements aigus qu'on entend dans une ruche pour les gémissements et les plaintes de la jeune reine, qui supplie la mère de lui permettre de conduire une colonie hors de ses états. J'assure que la reine-mère est quelquefois deux jours sans acquiescer à sa prière, et que lorsqu'elle lui accorde sa demande, c'est avec un ton de voix plein et sonore. Alors, on est assuré que l'essaim partira, puisque la jeune reine a obtenu la permission de le conduire.

Sur les quatre à cinq heures du matin et sur les huit à neuf du soir, si vous entendez dans une ruche un ton qui fait lentement *tain, tain, tain*, et après une autre voix plus forte, qui fait *clan, clan, clan*, s'il fait beau temps le lendemain, vous aurez assurément un essaim.

Manière d'arrêter un essaim dans sa course.

Le moyen qu'on peut employer avec succès pour arrêter dans sa course un essaim qui s'élève trop haut et l'engager à se poser plus bas que son essor le faisait d'abord espérer, c'est de jeter, à pleines mains, du sable ou de la terre en poussière. Les abeilles ainsi frappées par les grains de sable ou de poussière s'abaissent, croyant peut-être qu'elles sont battues par la pluie. L'arbre le plus près leur paraît dans cette circonstance un abri qu'elles doivent préférer à tout autre. Si l'on pouvait, au moment où elles partent, jeter de l'eau avec un balai à la hauteur de leur vol, elles seraient encore mieux fondées à croire que c'est réellement de la pluie qui tombe sur elles.

Deux ou trois coups de fusil ou de pistolet, chargé simplement à poudre, peuvent aussi les arrêter assez vite, et les engager à rabattre leur vol et à se reposer à quelque endroit assez bas.

Manière de recueillir un essaim et de le ramasser.

Dans la saison des essaims, il faut toujours être pourvu d'un certain nombre de ruches, toutes prêtes à loger les abeilles. Ces ruches doivent être très-propres dans l'intérieur; pour cet effet, il faut bien les nettoyer, enlever les coques de papillon, de fausses teignes, et les toiles d'araignées qui peuvent s'y trouver. Si elles ont servi à loger d'autres abeilles et qu'il soit resté quelque fragment de cire attaché aux parois, on le laisse, et celles qui les habiteront s'en accommoderont à merveille. On peut frotter ces ruches à l'intérieur avec de la mélisse ou toute autre plante d'une bonne odeur, avant de recevoir l'essaim. Je les enduis légèrement avec du miel, après les avoir frottées avec de la mélisse. Toutes ces précautions peuvent rendre agréable aux abeilles l'habitation où on les reçoit.

Quand mes ruches sont arrangées de cette manière, je les place dans un jardin, dans un prunier, et les abeilles vont s'introduire dans les ruches. Cette opération est très-facile pour pouvoir recueillir un essaim, quand il n'est pas placé à une hauteur trop élevée. Lorsqu'une personne peut tenir la ruche au-dessus de l'essaim, sans secouer la branche où il s'est fixé, les abeilles y vont d'elles-mêmes, dès qu'elles aperçoivent le logement qu'on leur offre. Si l'essaim est fort élevé, on lui présente la ruche par dessous, en tournant l'ouverture de son côté, et les abeilles tombent dedans par pelotons en secouant un peu la branche, et quand elles ont de la peine à se détacher, on les pousse doucement dans la ruche avec un petit balai.

S'il arrive que plusieurs essaims partent ensemble et qu'ils se mêlent, il faut les laisser jusqu'au soir dans la ruche. Lorsque le soir est arrivé, vous prenez un linge que vous étendez et la ruche où sont les abeilles; de votre main gauche vous la mettez sur votre linge, et la levant un peu, vous frappez un coup avec votre main droite sur la ruche, et vous verrez les abeilles tomber sur votre linge.

Dans les endroits où il y aura une reine, il se formera

un peloton d'abeilles. Vous mettrez autant de ruches qu'il y aura de pelotons, et vos abeilles seront partagées ; puis vous mettrez vos ruches sur un établi ou support.

Des inconvénients qui arrivent quelquefois quand un essaim est posé.

Quand un essaim est posé, regardez à travers le jardin. Si l'on aperçoit un petit peloton d'abeilles qui soit tombé par terre (ce qui arrive souvent même à la sortie de la ruche qui a donné l'essaim), il faut le mettre de suite dans la ruche qui a été préparée pour le recevoir ; c'est de ce petit peloton que sort la jeune reine.

Quand on a mis ce peloton d'abeilles dans la ruche, il faut aussitôt mettre la ruche sur l'essaim. S'il arrive que les abeilles se relèvent et qu'elles cherchent à rentrer dans la ruche-mère d'où elles sont parties, aussitôt que vous vous en apercevez, il faut ôter la ruche-mère de sa place, puis y mettre celle que l'on avait préparée pour recevoir l'essaim et les abeilles.

Vous mettrez la ruche-mère à peu de distance, dans le jardin. Après avoir essayé de cette manière, il y a environ un an, à l'égard de trois essaims différents, j'ai obtenu une parfaite réussite.

Manière abrégée de gouverner les Abeilles dans tous les mois de l'année.

NOVEMBRE, DÉCEMBRE, JANVIER, FÉVRIER.

Ces quatre mois de l'année sont ordinairement, dans notre climat, un temps où le froid est plus ou moins rigoureux. Tant qu'il dure, les abeilles sont engourdies ; par conséquent, elles n'ont besoin d'aucune nourriture. Elles ont recours à leurs provisions quand le soleil, dardant ses rayons sur les ruches, les ranime un peu. Dès que le froid recommence à se faire sentir, elles s'attroupent au sommet de la ruche, s'y attachent les unes aux autres, et demeurent dans cet état jusqu'à ce qu'un air plus doux les ranime encore. Pendant ce temps, il faut avoir soin de tenir de petites grilles aux ouvertures des ruches. Dès que les premières gelées arrivent, on les dispose pour passer l'hiver.

Pendant les quatre mois ci-dessus désignés, on ne doit point toucher aux ruches; on se contente seulement de les visiter de temps à autre pour prévenir les désordres que les ennemis des abeilles pourraient leur causer, et de réparer les ravages que les rats et les souris pourraient avoir faits dans cette saison. Les mulots peuvent attaquer les abeilles lorsqu'il n'y a plus de sentinelles aux portes pour veiller à la sûreté publique. Vous ne cesserez pendant tout ce temps de mettre un mélange de farine et d'arsenic sous les établis qui supportent les ruches. On doit aussi tendre des piéges et des souricières, et mettre un bon mortier de chaux autour de la ruche, qui est posée sur l'établi, quoique les abeilles la collent en dedans avec la propolis.

MARS.

Le mois de mars est celui de toute l'année où les abeilles exigent le plus de soins, et le temps où elles font la plus grande dépense des provisions qu'elles ont amassées, parce que leurs sorties fréquentes excitent leur appétit, qu'elles sont obligées de satisfaire en ayant recours à leurs magasins, vu que la campagne ne peut encore rien leur offrir. Dès les premiers jours de ce mois, si l'air est assez doux, on visite les ruches, et quand on ne craint pas trop de refroidir les abeilles, on les soulève pour nettoyer la table avec un petit balai de plumes; puis on la râcle pour enlever toutes les ordures; on la frotte et on l'essuie avec une poignée de paille ou de foin d'une bonne odeur. Vous laisserez les petites grilles, pourvu que trois ou quatre abeilles sortent à la fois, cela est suffisant. Quand vous visiterez les ruches, vous aurez soin d'examiner l'intérieur avec attention, afin d'ôter, s'il y en a, le moisi de dessus les gâteaux, les papillons et les fausses teignes qui pourraient s'y être établis, et les araignées qui y auraient tendu leurs filets. On observe l'état des provisions en visitant les magasins, afin de donner de la nourriture à celles qui sont dans l'indigence. Les ruches peu fournies d'abeilles, et qui ont peu de provisions, ne sont pas toujours les seules qu'on soit obligé de nourrir ; il arrive souvent que des ruches très-peuplées aient besoin qu'on les assiste.

Les gâteaux qui contiennent du miel et de la cire brute sont la meilleure nourriture qu'on puisse donner aux abeilles; elles s'en accommoderont parfaitement, comme étant celle qui est le plus de leur goût ; c'est une attention qu'on doit toujours avoir. Quand on met des calottes aux ruches, comme il est dit ci-devant, on a soin d'y en laisser une ou deux pour en donner aux indigentes. Si vous n'avez pas de gâteaux, donnez-leur du miel, que vous mettrez dans une assiette et du papier par dessus, et les abeilles pourront bien s'en arranger elles-mêmes. En donnant de la nourriture aux abeilles, faites bien attention de ne pas les exposer au pillage, et de ne laisser aux ruches, pour cet effet, qu'une très-petite ouverture ; moins il y aura de portes à défendre, plus les abeilles seront en sûreté. Il pourrait même arriver qu'on fût obligé de mettre un grillage même assez épais aux ouvertures des ruches. Les abeilles n'ont pas d'ennemis plus redoutables que les abeilles mêmes ; la guerre qu'elles se déclarent est d'autant plus à craindre, que l'ennemi rusé connaît parfaitement la position de la place qu'il veut attaquer, et comment elle est défendue ; il sait le moment qu'il faut choisir pour lui livrer un assaut et l'emporter de force ou de surprise. Ces usurpatrices ne commencent jamais l'attaque les premières, à moins qu'elles ne soient en assez grand nombre. Pour résister à la sortie des assiégées, elles s'attroupent peu à peu, voltigent autour de la ruche qu'elles ont dessein d'attaquer et épient le moment où les portes sont peu gardées ; elles tentent de s'en emparer et de leur livrer, avec avantage, un assaut qui les mette en possession de la place ; puis elles massacrent les sentinelles qui paraissent maîtresses du passage. Les troupes assiégeantes pénètrent ensuite dans l'intérieur de l'habitation, égorgent tout ce qui leur fait résistance, arrachent les vers et les nymphes des cellules, les traînent dehors, vident les magasins et emportent les provisions.

AVRIL.

Les abeilles ont encore besoin pendant ce mois qu'on leur

rende des soins assidus. Il faut pourvoir aux ruches faibles, les visiter et examiner dans quel état se trouvent leurs provisions et leur donner de la nourriture. Si leurs magasins sont vides, le pillage est très à craindre, parce que les abeilles ne trouvent point encore de récoltes à faire dans la campagne. Il ne faut donc pas donner une entière liberté à celles qu'on est obligé de nourrir. Pourvu que quatre ou cinq au plus puissent sortir, cela sera suffisant.

MAI.

Si la saison est retardée et que les abeilles ne trouvent pas encore de récoltes à faire dans les campagnes, pendant les premiers jours de ce mois, il peut arriver qu'on soit obligé de nourrir les ruches indigentes. Il est donc nécessaire de visiter ces ruches pour connaître les besoins des abeilles. Dès le commencement de ce mois, on pourra espérer que la saison soit favorable et qu'il y aura une abondante récolte à faire; il faudra donc, en conséquence, ouvrir les portes, afin que les abeilles puissent sortir et rentrer librement en revenant de la provision. Le mois de mai est le temps de la récolte la plus abondante pour les abeilles, si elles l'emploient avec profit. Il faut penser à calotter les ruches vers le 15 de ce mois. Il faut aussi veiller à la sortie des essaims depuis 9 heures du matin jusqu'à 4 heures du soir, afin de les suivre dans leur fuite, pour pouvoir les recueillir.

JUIN.

Il faut encore se préparer, pendant ce mois, à recevoir des essaims jusqu'au 25, et quelquefois plus tard. Si les ruches de ceux qui sont venus les premiers sont pleines, et qu'ils soient dans l'oisiveté, il faut leur mettre une calotte pour les maintenir dans l'activité. Les essaims qui viennent à la fin de ce mois sont ordinairement peu nombreux, et comme la récolte est très-avancée pour les abeilles, on doit les réunir, c'est-à-dire en mettre deux ensemble.

C'est principalement dans ce mois que les abeilles travaillent avec courage en cire neuve. On peut renouveler les vieilles ruches après les avoir calottées comme il est expliqué ci-dessus.

JUILLET.

C'est une époque où le pillage est à craindre, surtout dans les premiers jours de ce mois, parce que c'est le moment où les abeilles ne trouvent presque plus de fleurs dans la campagne et n'ont plus de récolte à faire. Les guêpes, les frelons, qui vivent au jour la journée, sans inquiétude, et qui n'ont pas la prévoyance d'amasser pour le temps de disette, rendent de fréquentes visites aux ruches, et inquiètent les abeilles par leurs pirateries. Leurs voisines qui ont négligé de faire des provisions, ou qui les ont dissipées, s'abandonnent aussi au pillage. Quand on s'aperçoit qu'une ruche est attaquée pour être pillée, on rapetisse l'entrée de la ruche assiégée, pour que les abeilles aient plus de facilité pour se défendre.

AOUT.

Dans beaucoup d'endroits, les abeilles font pendant ce mois une abondante récolte dans les pays où l'on sème beaucoup de sarrasin. Il faut tirer parti de leur industrie et les obliger à travailler. Si l'on craint que les ruches que l'on a calottées dans le courant de mai et de juin n'aient pas suffisamment de provisions, on pourrait les transporter dans le pays où l'on récolte beaucoup de blé noir (sarrasin), ainsi que les essaims tardifs.

Le pillage est encore à craindre dans les endroits où il n'y a pas de récolte à faire pour les abeilles. C'est aussi pendant ce mois qu'elles déclarent la guerre aux faux bourdons et les chassent de leur république; elles sont fortement occupées à s'en défaire, et souvent elles en viennent à bout, après avoir consommé quantité de provisions. Tout le temps que dure cette guerre est perdu pour leur récolte.

SEPTEMBRE.

Ce mois est encore une époque où le pillage est à craindre. Pendant toute sa durée, il faut donc employer des moyens pour préserver les abeilles d'un nouveau pillage.

Dans les endroits où l'on cultive beaucoup de sarrasin, on peut ôter la calotte, si l'on croit que les abeilles aient assez de provisions dans la ruche pour passer l'hiver. On peut s'en assurer par la pesanteur; il faut qu'au premier novembre une ruche en paille pèse 10 kilogrammes.

OCTOBRE.

Vers la fin de ce mois, si le temps est froid, on dispose les ruches pour passer l'hiver. Quand il fait beau, on peut attendre les premiers jours de novembre, et les mettre en état de supporter la rigueur du froid auquel il faut s'attendre dans cette saison.

Le miel que les abeilles recueillent sur les sarrasins n'est pas d'aussi bonne qualité que celui qu'elles récoltent sur les autres végétaux. On peut réserver les calottes qui en proviennent pour s'en servir au printemps, et on en prendra les gâteaux que l'on donnera aux ruches indigentes.

Note sur la durée de la vie des abeilles.

Les abeilles arrivent au bout de leur carrière, ainsi que les autres insectes, lorsqu'elles ont rempli les fonctions auxquelles la nature les avait destinées. La durée de leur vie ne peut pas être de plus d'une année environ, parce que ce terme leur suffit pour élever leur postérité.

Quoiqu'on ne puisse rien établir de certain à ce sujet, la reine vit plus long-temps, parce qu'elle est capable de mieux résister aux premiers froids, qui font mourir les ouvrières. Il est probable que les faux bourdons vivraient plus long-temps, si les abeilles ne les faisaient pas mourir.

Des maladies auxquelles les Abeilles sont sujettes et des remèdes qu'on peut employer avec succès.

De la Dyssenterie.

Un long séjour dans la ruche, et le miel qui pendant ce temps est la seule nourriture des abeilles, quand elles n'ont plus de provisions de cire brute, sont l'unique cause de la dyssenterie. Ce mal ne survient communément qu'aux abeilles faibles et mal constituées, qui n'ont pas assez de force pour résister au séjour qu'ont fait dans leurs corps les matières qu'elles devaient évacuer. Le remède le plus efficace serait de donner aux abeilles qui en sont atteintes des gâteaux qui contiendraient du miel et de la cire brute. La nature leur indique ce remède, puisqu'elles rongent les rayons des gâteaux, quand elles sont attaquées de cette maladie. A défaut de gâteaux, il faut mettre près des ruches des vases dans lesquels on peut verser de l'urine, qu'on y laisse séjourner. Les abeilles, qui aiment les eaux salées, vont en boire pour se fortifier et se guérir de la dyssenterie. On peut aussi mettre sous les ruches qui en sont attaquées, une poignée de sel bien pilé.

De la fausse Teigne.

La fausse teigne est une maladie dangereuse, occasionnée par de petits papillons de la couleur de ceux qui volent à la lumière et un peu plus gros. Ils s'introduisent dans les ruches, sans que les abeilles s'en aperçoivent, ils pondent des œufs et ces œufs engendrent des petits vers, qui pénètrent au travers des gâteaux de cire, percent les cellules, font couler le miel et engluent les abeilles.

Ces vers se multiplient, grossissent, forment des filets cotonneux et dégoûtent les abeilles. On s'aperçoit de cette maladie quand les abeilles n'ont plus la même vivacité, elles sortent et rentrent lentement. Le moyen bien simple, quand on s'en aperçoit, c'est de les changer de ruche, et souvent elles partent d'elles-mêmes.

Des espèces de Ruches.

Je ne crois pas devoir parler de la description des ruches, parce que cela est connu de presque tout le monde. Mais, pour moi-même, je préfère les ruches en paille, attendu que les abeilles y sont plus chaudement en hiver, et elles sont aussi plus faciles à calotter.

FIN.

Argentan, Imprimerie de BARBIER-HUE.

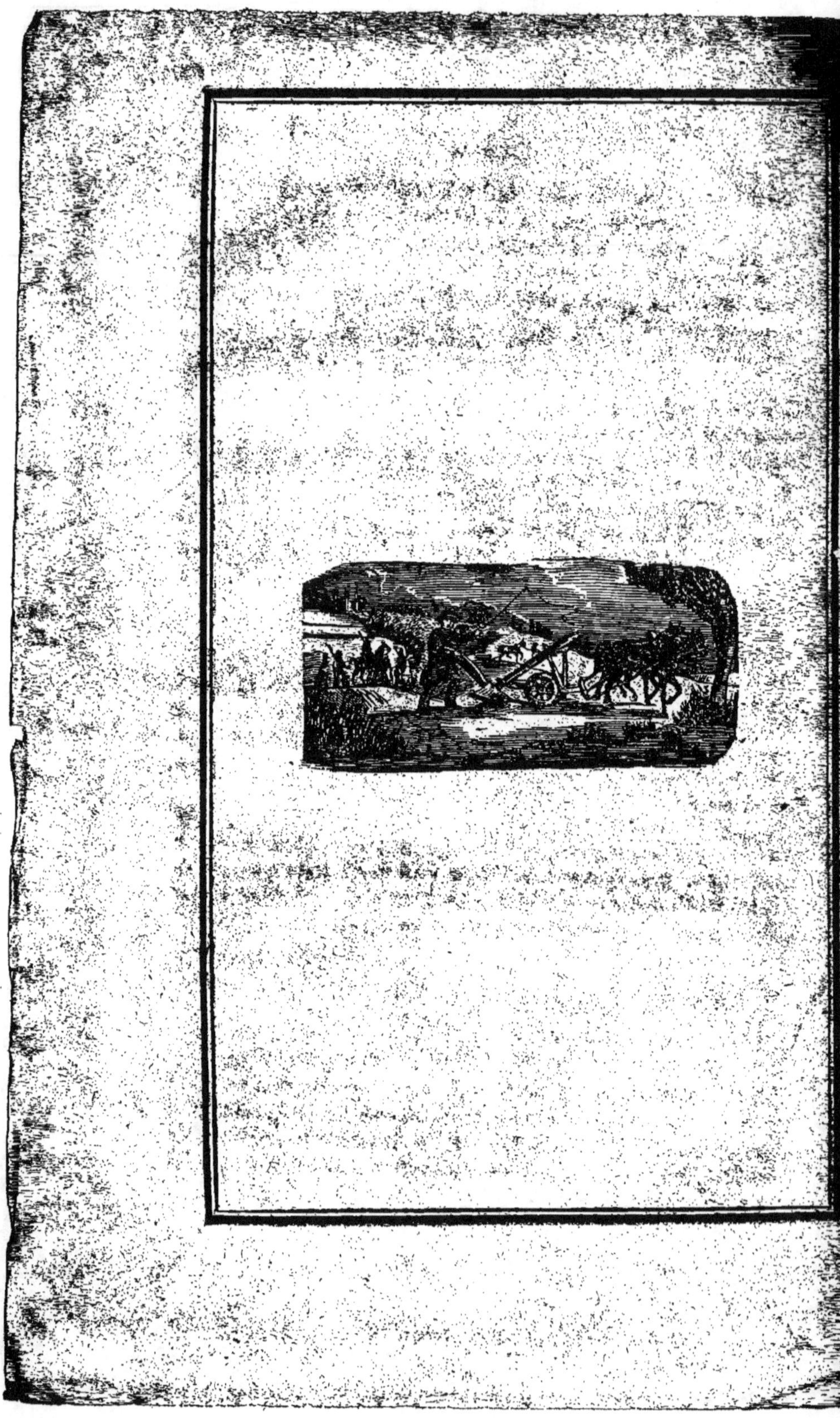

www.ingramcontent.com/pod-product-compliance
Lightning Source LLC
LaVergne TN
LVHW020305230826
846091LV00006B/2533

9782011339805